ETHNO-FOOD

KÜCHE DES ORIENTS

ETHNO-FOOD

KÜCHE DES ORIENTS

ARABIEN, ISRAEL, TÜRKEI

EINLEITUNG VON

SOHEILA KIMBERLEY

Im FALKEN Verlag sind zahlreiche Titel zum Thema „Essen und Trinken" erschienen.
Bitte fragen Sie überall dort, wo es Bücher gibt.

Sie finden uns im Internet: http://www.falken.de

Dieses Buch wurde auf chlorfrei gebleichtem und säurefreiem Papier gedruckt.

Der Text dieses Buches entspricht den Regeln der neuen deutschen Rechtschreibung.

ISBN 3 8068 7455 7

Umschlaggestaltung: Peter Udo Pinzer
Redaktion: Tanja Schindler (FALKEN Verlag) und red.sign, Stuttgart
Herstellung: Ulrich Klein (FALKEN Verlag) und red.sign, Stuttgart
Layout: Ian Sandom
Illustration: Madeleine David
Umschlagfoto: Thomas Odulate
Produktion: red.sign, Stuttgart

Satz: red.sign, Stuttgart
Gesamtkonzeption: FALKEN Verlag, D-65527 Niedernhausen/Ts.

817 2635 4453 6271

INHALT

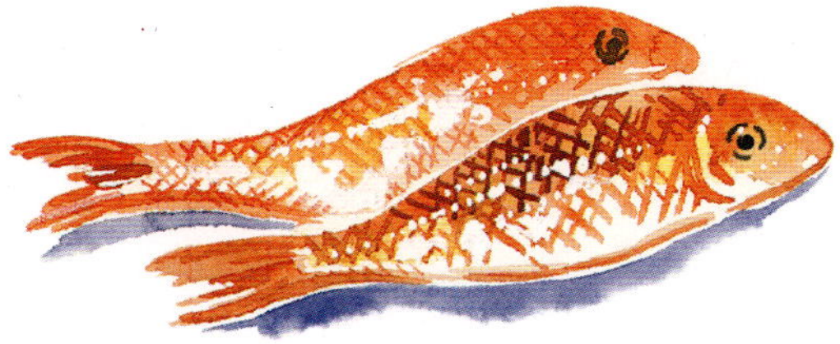

EINFÜHRUNG

Über einen Zeitraum von mehr als 3000 Jahren waren die Länder des Orients ein Schmelztiegel verschiedener Hochkulturen – der Babylonier, Armenier, Perser, Griechen und Römer, um nur einige zu nennen. In dieser Zeit hat die Region ihren vielfältigen und kosmopolitischen Charakter entwickelt, und dazu gehört auch eine außerordentlich vielfältige Küche.

Die meisten von uns essen, um zu leben – im Orient, wo dem gemeinsamen Speisen eine wichtige soziale Funktion zukommt, scheint das eher umgekehrt zu sein. Ein altes persisches Sprichwort fasst die gängige Einstellung so zusammen: Jeder Gast ist ein Geschenk Gottes. Und es lässt sich wohl kaum eine bessere Art denken, einen Gast zu verwöhnen, als ihn mit köstlichen Speisen zu bewirten.

Davon kennt die orientalische Küche viele. Manche sind phantasievolle Variationen eines ursprünglichen Rezepts, denn jedes Land, jede Stadt und – in alter Zeit – jede Familie verfeinerte diese Grundrezepte zu regionalen und lokalen Spezialitäten. Kein Wunder also, dass ihnen nicht selten ein historischer Hintergrund zuzuordnen ist. Beispielsweise ist die farbliche Ausgewogenheit der Zutaten für das persische *Khoresch* vom Glauben der Parther an den ewigen Kampf zwischen Licht und Dunkelheit bestimmt. Diese Balance liegt der ganzen persischen Küche noch heute zugrunde, auch wenn mancher Koch sich dieser Tatsache nicht bewusst ist.

Im Ergebnis der gegenseitigen kulinarischen Bereicherung steht die orientalische Küche heute für eine große Bandbreite von Gerichten und Zutaten, die allen Geschmacksrichtungen gerecht wird.

Reis – einst ein Luxusgut, das in den nördlichen Grenzgebieten Persiens am Kaspischen Meer angebaut wurde – ist heute aus der orientalischen Küche nicht mehr wegzudenken. Darüber hinaus zählen Milch, Honig, Joghurt, Käse, Obst und Gemüse – hier vor allem Zwiebeln und Knoblauch – zu den wichtigsten Zutaten. Olivenöl ist im Orient schon lange für seine gesunden Eigenschaften bekannt. Fleisch und Geflügel schätzt man wegen ihrer Proteine; wird auf Fleisch verzichtet, ersetzt man es oft durch getrocknete Bohnen oder andere Hülsenfrüchte. Charakteristisch für die Küche des Orients ist selbstverständlich aber auch die unglaubliche Vielfalt an teils exotischen Gewürzen.

Desserts im mitteleuropäischen Sinn sind im Orient nahezu unbekannt. Gewöhnlich sind die Hauptgerichte so sättigend, dass nur noch etwas Obst zum Abschluss einer Mahlzeit serviert wird. Bei festlichen Anlässen oder wenn man Gäste zum Tee empfängt, werden süße Leckereien gereicht.

Die große Vielfalt traditioneller Rezepte lädt zum Experimentieren ein; die Kunst des Kochens wird zum integralen Bestandteil des Speisegenusses. Die Rezepte in diesem Buch öffnen den Weg zu einem außergewöhnlichen Erlebnis.

Abbildung rechts (im Uhrzeigersinn von oben): Fattoush, Linsensuppe und Kichererbsenpüree.

ZUTATEN

Am besten lernt man die Zutaten der Region auf einem Basar kennen. Die Marktstände biegen sich geradezu unter der Last von Aromastoffen und Gewürzen wie Rosenblättern, Zimt und Safran. Hier gibt es kein Gewürz und kein Kraut, das es nicht gibt – am beliebtesten sind Schnittlauch, Zimt, Paprika, Safran und Kurkuma.

Auberginen Um den köstlichen Geschmack dieses Gemüses zu bewahren, muss man zunächst die Bitterstoffe entfernen. Dazu schneidet man die Aubergine in Scheiben oder würfelt sie, bestreut sie mit Salz und lässt sie einige Zeit in einem Durchschlag stehen. Das Salz zieht die Bitterstoffe ab. Das Gemüse vor der Verarbeitung abspülen und trockentupfen.

Kreuzkümmel Das köstliche Aroma dieses Gewürzes passt perfekt zu vielen Gemüsegerichten und Salaten. Im Orient werden die Samen entweder ganz oder gemahlen verwendet.

Einige Gewürze (von links oben nach rechts unten): Sumachpulver, Safranfäden, Paprikapulver, Zimtstangen, Kurkuma, Kardamomschoten, gemahlene sowie ganze Muskatnuss und Kreuzkümmelkörner.

Knoblauch Knoblauch wird in der orientalischen Küche wegen seines Geschmacks und seiner gesundheitsfördernden Eigenschaften geschätzt und sehr oft verwendet.

Kräuter Schnittlauch, Koriander, Dill, Majoran, Minze und Petersilie gehören zu den wichtigsten Zutaten der orientalischen Küche. Man serviert sie frisch und ganz, oft auf einem separaten Teller, als Zugabe zu den Hauptgerichten. Häufig bietet man sie auch zusammen mit Käse an oder verwendet sie in Salaten, bei Fleisch- und Reisgerichten und in Gemüsefüllungen. Gehackte Kräuter bemisst man ausgesprochen großzügig, und zwar in allen Arten von Gerichten.

Kurkuma (Gelbwurz) Dieses Gewürz stammt aus dem Iran. Es gibt Fleisch- und Reisgerichten einen charakteristischen Geschmack und einen kräftigen gelben Farbton. Im Nahen Osten ist es weit verbreitet.

Limette, getrocknet Diese Spezialität erhält man bei uns vor allem in griechischen Geschäften. Die Früchte sind eine gute Alternative zur Zitrone. Meist verwendet man sie für Fleischgerichte zusammen mit frischen Kräutern.

Muskatnuss Muskatnüsse sind die harten, aromatischen Samenkerne des tropischen Muskatbaums. Man kann sie beim Kochen über die Speise reiben, doch die nahöstlichen Köche bevorzugen Muskatpulver.

Nüsse Sie sind – vor allem zusammen mit Reis – als Zutat in der orientalischen Küche sehr beliebt. Die Art ihrer Verwendung variiert jedoch von Land zu Land. Im Iran z. B. verwendet man Walnüsse oft gemahlen – bei

Geflügelgerichten oder für eine köstliche Sauce mit Granatapfelsaft oder Sauerkirschen. Mandeln, Haselnüsse, Pistazien und Pinienkerne werden nicht nur mit Reis oder für herzhafte Füllungen, sondern auch für Süßspeisen wie Baklava verwendet.

Paprikapulver Auch wenn viele ihn eher mit der osteuropäischen Küche assoziieren, so ist der Gewürzpaprika doch ebenso im Orient beliebt. Hier wird er für Suppen, Fleischgerichte, Salatdressings und verschiedene Beilagen verwendet.

Paprikaschoten Gefüllt, zu Fleischgerichten oder zusammen mit Auberginen lassen sich mit dem Gemüsepaprika köstliche Gerichte zaubern. Gegrillte Paprikaschoten haben eine rauchige Geschmacksnote. Auch für Salate verwendet man Paprikaschoten oft als Zutat.

Reis Er ist die verbreitetste Zutat der orientalischen Küche. Langkornreis, z. B. Basmati, hat ein exquisites Aroma, Rund- und Mittelkornreis wird oft für Nachspeisen verwendet. Besonders interessant sind Duft und Geschmacksnote von iranischem Reis.

Safran Den außergewöhnlich aromatischen und geschmackvollen Safran, der Speisen zudem eine appetitliche Farbe verleiht, gewinnt man aus den getrockneten, fadenförmigen Blütennarben einer bestimmten Krokusart. Am einfachsten ist es, Safranpulver zu verwenden, das man in etwas heißem Wasser auflöst.

Saubohnen (Puffbohnen) Es gibt sie als Gefriergemüse oder während der Saison auch frisch. Die orientalische Küche verwendet nur den zarten grünen Samen der Bohnen; man muss sie also in jedem Fall schälen oder – wenn man sie frisch kauft – aushülsen und schälen.

Spinat In Arabien und im gesamten Orient kombiniert man Spinat oft mit Fleisch oder– für eine beliebte Vorspeise – mit Joghurt.

Sumach Diese roten Beeren werden getrocknet und zu Pulver verarbeitet. Es passt gut zu Kebabs, Fischgerichten und Salaten.

Weinblätter Gefüllt mit Fleisch, Linsen und Kräutern sind Weinblätter eine köstliche Vorspeise.

Zereshk In Pulverform verwendet man diese kleine saure Baumbeere traditionell bei zahlreichen persischen Reisgerichten als Zutat.

Zimt In pulverisierter Form findet das Gewürz in zahlreichen Rezepten der orientalischen Küche Verwendung.

Einige der Zutaten (im Uhrzeigersinn von oben): Zereshk, Langkornreis, Basmatireis, Rundkornreis, getrocknete Limonen.

SPINAT-ZITRONEN-SUPPE MIT FLEISCHBÄLLCHEN

Bei diesem orientalischen Standardgericht, *Aarshe Saak* genannt, variiert man die Menge des Zitronensafts und gibt ihn nach eigenem Geschmack dazu.

ZUTATEN

2 große Zwiebeln
3 EL Speiseöl
1 EL Kurkumapulver
90 g gelbe Palerbsen
225 g Lammhack
450 g Spinat, gehackt
50 g Reismehl
Saft von 2 Zitronen
4 frische Eier, verquirlt
Salz und frisch gemahlener schwarzer Pfeffer
1–2 Knoblauchzehen, sehr fein gehackt, und
2 EL frische Minze, gehackt,
zum Garnieren

FÜR 6 PERSONEN

1 Eine Zwiebel hacken. In einer großen Pfanne 2 EL Öl erhitzen und die gehackte Zwiebel goldbraun braten. Kurkumapulver, Palerbsen und 1,2 l Wasser zugeben, aufkochen lassen und das Ganze bei schwacher Hitze etwa 20 Minuten köcheln lassen.

2 Die zweite Zwiebel raspeln und zusammen mit dem Lammhack, Salz und Pfeffer in einer Schüssel gut durchmischen. Die Masse mit den Händen zu etwa walnussgroßen Bällchen verarbeiten. Diese vorsichtig in den Topf mit den Palerbsen geben, den Spinat hinzufügen, das Ganze bedecken und 20 Minuten köcheln lassen.

3 Das Mehl mit 250 ml kaltem Wasser zu einer weichen Paste verarbeiten und diese unter Rühren langsam in den Topf geben, um Klümpchenbildung zu vermeiden. Den Zitronensaft unterrühren, alles mit Salz und Pfeffer abschmecken und bei schwacher Hitze 20 Minuten köcheln lassen.

4 Das restliche Öl in einem kleinen Topf erhitzen und den Knoblauch kurz goldbraun braten. Die Minze dazu geben und den Topf ebenso wie die Suppe vom Herd nehmen. Die Eier in die Suppe rühren, Knoblauch und Minze darüber streuen und servieren.

LINSENSUPPE

Diese türkische Suppe eignet sich im Winter geradezu ideal als Vorspeise. Zusammen mit knusprigem Brot und Butter ergibt sie eine ganze Mahlzeit.

Zutaten

3 EL Olivenöl
1 große Zwiebel, gehackt
1 Selleriestange, grob zerkleinert
400 g rote Linsen
1,2 l Fleischbrühe
4–5 Tomaten
Saft von 1 Zitrone
½ TL Chilipulver (optional)
Salz und frisch gemahlener schwarzer Pfeffer
Sellerieblätter zum Garnieren

Für 4 Personen

Küchentipp

Anstelle der roten kann man für dieses Gericht auch gelbe und/oder braune Linsen verwenden. Diese müssen aber etwas länger garen.

1 Das Öl in einem Topf erhitzen und die Zwiebel mit dem Sellerie darin bei schwacher Hitze glasig braten. Linsen und Brühe zugeben und aufkochen lassen. Die Linsen etwa 25 Minuten bei schwacher Hitze garen.

2 Die Tomaten mit kochendem Wasser übergießen, kurz darin ziehen lassen, kalt abschrecken und dann enthäuten.

3 Die Tomaten grob stückeln und mit dem Zitronensaft, dem Salz, dem Pfeffer und evtl. dem Chilipulver zu den Linsen geben. Das Ganze weitere 10 Minuten köcheln lassen und mit Sellerieblättern garniert servieren.

BÖREKS

In der Türkei sind diese gefüllten Teigtäschchen sehr beliebt – denn sie sind schnell zubereitet und als Vorspeise oder einfach nur als kleiner Snack zwischendurch ideal.

ZUTATEN

225 g Schafskäse, fein gestückelt
225 g Mozzarella, fein gestückelt
2 frische Eier, verquirlt
3 EL frische Petersilie, gehackt
3 EL Schnittlauch, fein geschnitten
3 EL frische Minze, gehackt
1 Prise Muskatnuss
225 g TK-Filoteig (Strudelteig)
3–4 EL zerlassene Butter
frisch gemahlener schwarzer Pfeffer

ERGIBT 35–40 BÖREKS

1 Den Backofen auf 180 °C/Gas Stufe 4 vorheizen. Mozzarella und Schafskäse mit den Eiern vermischen. Die gehackten Kräuter zugeben, das Ganze mit Pfeffer und Muskatnuss würzen und alles gut vermischen.

2 Den Teig in rechteckige Streifen von etwa 7 cm x 21 cm Größe schneiden. Während der Arbeit den Teig möglichst mit einem feuchten, sauberen Tuch bedecken, damit er nicht austrocknet.

3 Die Streifen einzeln mit etwas zerlassener Butter bestreichen.

4 An einer der kurzen Teigkanten 1 TL der Füllung auf den Teig legen. Eine der Ecken über die Füllung legen, um ein Dreieck zu bilden. Den Teig bis zum Ende des Streifens entsprechend weiterfalten. Alle Teigstreifen auf diese Weise verarbeiten.

5 Die Böreks auf ein eingefettetes Backblech legen und etwa 30 Minuten goldbraun und knusprig backen. Warm oder auch kalt servieren.

KÜCHENTIPP

Die Käsemischung kann man leicht variieren. Dafür eignet sich – abgesehen von Frischkäse – fast jede andere Käsesorte. Für die griechische Version dieses Gerichts verwendet man Spinat und Feta. Die von den Rippen befreiten Spinatblätter ersetzen dann die Kräuter und den Mozzarella.

GEBACKENE EIER MIT KRÄUTERN UND GEMÜSE

Eier – mit Gemüse, Kräutern oder sogar Fleisch – sind als Omelett oder als Backspeise sehr beliebt.

ZUTATEN

2–3 Safranfäden
8 frische Eier
2 Lauchstangen
120 g frischer Spinat
½ Kopf Eissalat
4 Frühlingszwiebeln
3 EL gehackte frische Petersilie
3 EL geschnittener frischer Schnittlauch
3 EL geschnittenes frisches Koriandergrün
1 Knoblauchzehe, durchgepresst
2 EL gehackte Walnüsse (optional)
2 EL Butter
Salz und frisch gemahlener schwarzer Pfeffer
Jogurt und Pittabrot, als Beilage (optional)

FÜR 4–6 PERSONEN

1 Den Backofen auf 180 °C/Gas Stufe 4 vorheizen. Die Safranfäden in etwas heißem Wasser einweichen.

2 Die Eier in einer großen Schüssel verquirlen. Lauch, Spinat, Salat und Frühlingszwiebeln sehr fein hacken.

3 Gemüse, Kräuter, Knoblauch und evtl. Walnüsse zu den Eiern geben. Mit Salz und Pfeffer würzen, die Safranfäden samt Wasser zugeben und gut umrühren.

4 Die Butter in einer ofenfesten Form zerlassen und die Mischung hineingeben.

5 Das Ganze 35–40 Minuten backen, bis die Eimasse fest und die Kruste goldbraun ist. Heiß oder kalt servieren. Dazu kann man Jogurt und Pittabrot reichen.

KÜCHENTIPP

Der Walnussgeschmack wird intensiver, wenn man die Nüsse vor dem Hacken kurz bei mittlerer Hitze im Ofen röstet.

KICHERERBSENPÜREE MIT ZUCCHINIS

Kichererbsenpüree (Hummus) ist als Dip für Zucchinistreifen gut geeignet. Zusammen mit Falafel kann man die Zucchini auch als Füllung für Pittabrot verwenden. Die bitter-würzige Sesampaste Tahin erhält man in jüdischen oder arabischen Delikatessengeschäften.

ZUTATEN

225 g Kichererbsen aus der Dose
2 Knoblauchzehen, grob gehackt
6 EL Zitronensaft
4 EL Tahinpaste
5 EL Olivenöl
1 TL Kreuzkümmelpulver
450 g kleine Zucchini
Salz und frisch gemahlener schwarzer Pfeffer
Paprikapulver zum Garnieren, Pittabrot und einige schwarze Oliven als Beilage

FÜR 4 PERSONEN

1 Die Kichererbsen abtropfen lassen, dabei die Flüssigkeit auffangen. Die Erbsen mit dem Mixer zu einem weichen Püree verarbeiten. Wenn nötig, gibt man dabei etwas von der aufgefangenen Flüssigkeit zu.

2 Knoblauch, Zitronensaft und Tahinpaste vermischen und zu den Kichererbsen geben. Das Ganze mit der Maschine so lange pürieren, bis die Paste glatt ist. Bei laufender Küchenmaschine nacheinander 3 EL Olivenöl zugeben.

3 Kreuzkümmel, Salz und Pfeffer zugeben und untermischen. Die Masse in eine Schüssel füllen, bedecken und kühl stellen.

4 Die Enden der Zucchini abschneiden. Anschließend das Gemüse der Länge nach in gleich große Streifen schneiden.

5 Das restliche Öl in einer großen Pfanne erhitzen. Die Zucchini salzen und pfeffern und auf beiden Seiten etwa 2–3 Minuten braten.

6 Die Zucchini auf vier Teller verteilen. Auf jeden Teller etwas Hummus geben, diesen mit Paprikapulver bestreuen und das Ganze mit Pittabrot und Oliven servieren.

KÜCHENTIPP

Statt der Zucchini kann man auch gebratene Auberginenscheiben reichen.

GEFÜLLTE WEINBLÄTTER

Dieses köstliche Gericht ist in der Türkei, im Iran und in Afghanistan, aber auch in Griechenland sehr beliebt.

ZUTATEN

FÜR DIE WEINBLÄTTER

1 EL Olivenöl
120 g Rinderhack
2 EL Pinienkerne
1 Zwiebel, gehackt
1 EL frisches Koriandergrün, gehackt
1 TL Kreuzkümmelpulver
1 EL Tomatenmark
8 Weinblätter
Salz und frisch gemahlener schwarzer Pfeffer
Paprikasalat als Beilage

FÜR DIE TOMATENSAUCE

150 ml passierte Tomaten
150 ml Rindfleischbrühe
2 TL Zucker

FÜR 4 PERSONEN

1 Das Öl erhitzen, Hackfleisch, Pinienkerne und Zwiebel zugeben. Alles 5 Minuten braten, bis das Fleisch rundum gebräunt ist.

2 Koriander, Kreuzkümmel und Tomatenmark unterrühren. Das Ganze etwa 3 Minuten braten und danach gut würzen.

KÜCHENTIPP
Wenn keine Weinblätter erhältlich sind, kann man Kohlblätter verwenden, die man kurz überbrüht.

3 Den Backofen auf 180 °C/Gas Stufe 4 vorheizen. Die Weinblätter mit der glänzenden Seite nach unten ausbreiten. Mit einem Löffel etwas Füllung auf jedes Blatt geben, jedes einzelne vom Blattstengel aus über die Füllung legen und aufrollen. Die Päckchen mit der Nahtstelle nach unten in eine gefettete ofenfeste Schale legen.

4 Für die Sauce die passierten Tomaten, die Brühe und den Zucker vermischen und das Ganze über die Weinblätter geben. Alles bedecken und im Ofen 30 Minuten backen. Mit dem Paprikasalat servieren.

JOGURT- UND GURKENDIP

Dieser *Tacik* genannte Gurkensalat mit Jogurt-, Minze- und Knoblauchdressing ähnelt dem griechischen *Tzatziki*. Oft wird er mit gegrilltem Lamm- oder Hühnchenfleisch serviert. Er passt aber auch zu Lachs oder Forelle.

ZUTATEN

1 Salatgurke
1 TL Salz
3 EL fein gehackte frische Minze, dazu einige Zweige zum Garnieren
1 Knoblauchzehe, durchgepresst
1 TL Zucker
200 ml Jogurt
etwas Paprikapulver zum Garnieren (optional)

FÜR 4 PERSONEN

KÜCHENTIPP

Wenn man es eilig hat, muss man die Gurke nicht unbedingt salzen. Die Gurkenstücke bleiben dann knackiger, sind allerdings auch etwas weniger süß.

1 Die Gurke schälen. Ein Stück davon zum Garnieren beiseite legen, wenn man dies wünscht, und den Rest der Länge nach halbieren. Dann mit einem Teelöffel sorgfältig die Kerne entfernen.

2 Die Gurkenstücke in dünne Streifen schneiden, salzen und etwa 15–20 Minuten stehen lassen. Das Salz macht die Gurke weicher und entzieht ihr die Bitterstoffe.

3 Minze, Knoblauch, Zucker und Jogurt in einer Schüssel vermischen.

4 Die Gurkenscheiben in einem Durchschlag unter fließendem kaltem Wasser abspülen, um das Salz zu entfernen. Gut abtropfen lassen und dann zur Jogurtmischung geben. Dann das Ganze mit der restlichen Gurke, den Minzezweigen und evtl. etwas Paprikapulver garnieren und kalt servieren.

AUBERGINEN-DIP

Auberginen sind im Orient sehr beliebt; in Israel stehen sie fast schon im Rang eines Grundnahrungsmittels.

ZUTATEN

2 Auberginen mit je etwa 275 g
2 Zwiebeln, gehackt
150 ml Olivenöl
3 Knoblauchzehen, durchgepresst
Saft von 1 Zitrone
Salz und frisch gemahlener schwarzer Pfeffer
frische Korianderzweige zum Garnieren
schwarze und grüne Oliven als Beilage

ALS VORSPEISE FÜR 4 PERSONEN
ALS DIP FÜR EINIGE MEHR

1 Den Backofen zum Grillen vorheizen. Die Auberginen der Länge nach halbieren und mit der Schnittfläche nach oben auf Alufolie legen. In etwa 5 cm Entfernung von der Hitzequelle 20 Minuten grillen, bis die Schale runzlig wird und das Fruchtfleisch weich ist.

2 Die Zwiebeln in etwa 4 EL Olivenöl anbraten. Den Knoblauch dazugeben und das Ganze weich – aber nicht braun – braten. Mit Salz und Pfeffer würzen.

3 Das Auberginenfleisch aus den Hälften löffeln und mit der Zwiebelmischung sowie dem Zitronensaft in einen Mixer geben.

4 Bei laufender Maschine langsam das restliche Öl zugeben, bis eine weiche Paste entsteht. Das Ganze abschmecken.

5 Den fertigen Dip in eine kleine Servierschüssel geben und mit den Korianderzweigen garnieren. Kalt mit schwarzen und grünen Oliven servieren.

FISCH MIT REIS

Im Libanon ist diese *Sayadieh* genannte nahrhafte und köstliche arabische Speise besonders beliebt.

ZUTATEN

Saft von 1 Zitrone
3 EL Speiseöl
900 g Kabeljausteaks
4 große Zwiebeln, gehackt
1 TL Kreuzkümmelpulver
2–3 Safranfäden
1 l Fischbrühe
450 g Basmati- oder anderen Langkornreis
50 g leicht geröstete Pinienkerne
Salz und frisch gemahlener schwarzer Pfeffer
frische Blattpetersilie zum Garnieren

FÜR 4–6 PERSONEN

KÜCHENTIPP

Der Reis darf nicht anbrennen. Also sollte man die Menge der Flüssigkeit gelegentlich prüfen und bei Bedarf etwas Brühe oder Wasser zugeben.

1 In einer flachen Schüssel den Zitronensaft und 1 EL Öl vermischen. Die Fischsteaks mehrfach in der Marinade wenden. Dann lässt man sie in der zugedeckten Schüssel 30 Minuten marinieren.

2 Das restliche Öl in einem großen Topf erhitzen und die Zwiebeln darin bei schwacher bis mittlerer Hitze 5–6 Minuten unter gelegentlichem Rühren goldbraun braten.

3 Den Fisch abtropfen lassen und die Marinade aufbewahren. Die Steaks in den Topf geben und auf beiden Seiten 1–2 Minuten braten. Dann Kreuzkümmel, Safran sowie etwas Salz und Pfeffer zugeben.

4 Die Fischbrühe und die Marinade hinzugießen, alles aufkochen lassen und bei schwacher Hitze 5–10 Minuten köcheln lassen, bis der Fisch fast gar ist.

5 Die Fischsteaks auf einen Teller legen und den Reis in die Brühe geben. Alles aufkochen lassen und bei schwacher Hitze 15 Minuten köcheln lassen, bis die Brühe fast vollständig absorbiert ist.

6 Den Fisch auf den Reis legen und das Ganze bedecken. Alles bei schwacher Hitze weitere 15–20 Minuten dämpfen.

7 Den Fisch herausnehmen, dann den Reis in eine große Schüssel geben und den Fisch darauf arrangieren. Mit den Pinienkernen bestreuen und mit der Petersilie garnieren.

GARNELEN IN TOMATENSAUCE

Garnelen gibt es beinahe überall im Orient. Dieses ebenso köstliche wie einfache Rezept betont ihre geschmacklichen Qualitäten besonders.

ZUTATEN

2 EL Speiseöl
2 Zwiebeln, fein gehackt
2–3 Knoblauchzehen, durchgepresst
5–6 Tomaten, enthäutet und gestückelt
2 EL Tomatenmark
120 ml Fischbrühe oder Wasser
1 TL Kreuzkümmelpulver
1 TL Zimtpulver
450 g frische geschälte Garnelen
Saft von 1 Zitrone
Salz und frisch gemahlener schwarzer Pfeffer
frische Blattpetersilie zum Garnieren
Reis als Beilage

FÜR 4 PERSONEN

1 Das Öl in einer großen Pfanne erhitzen und die Zwiebeln darin 3–4 Minuten goldbraun braten. Den Knoblauch unterrühren, 1 Minuten braten und die Tomaten zugeben.

2 Das Tomatenmark mit der Flüssigkeit verrühren und mit Kreuzkümmel, Zimt, Salz und Pfeffer in den Topf geben. Bedeckt bei schwacher Hitze 15 Minuten ziehen lassen; nicht kochen! Gelegentlich umrühren.

3 Garnelen und Zitronensaft zugeben und alles 10–15 Minuten bei schwacher bis mittlerer Hitze köcheln lassen, bis die Garnelen gar sind und die Flüssigkeit etwa auf die Hälfte eingekocht ist.

4 Die Garnelen mit der Petersilie garnieren und mit gekochtem Reis servieren.

GEGRILLTER SCHWERTFISCHKEBAB

Fisch ist besonders köstlich, wenn er über Holzkohle zubereitet wird. Dieses Gericht ist eine wunderbare Alternative zu Fleischkebab.

ZUTATEN

900 g Schwertfischsteaks
3 EL Olivenöl
Saft von ½ Zitrone
1 Knoblauchzehe, durchgepresst
1 TL Paprikapulver
3 Tomaten, geviertelt
2 Zwiebeln, geachtelt
Salz und frisch gemahlener schwarzer Pfeffer
Blattsalat als Beilage

FÜR 4–6 PERSONEN

KÜCHENTIPP

Für Kebab kann man fast jeden Fisch mit festem weißem Fleisch verwenden.

1 Die Schwertfischsteaks in große Würfel schneiden und in eine Schüssel geben.

2 In einer kleinen Schüssel das Olivenöl, den Zitronensaft, den Knoblauch, den Paprika, das Salz und den Pfeffer vermischen und das Ganze über den Fisch geben. Alles mit Plastikfolie locker bedecken und zum Marinieren für bis zu 2 Stunden kühl stellen.

3 Die Fischwürfel abwechselnd mit Tomaten- und Zwiebelstücken auf Spieße stecken.

4 Das Schwertfischkebab etwa 5–10 Minuten über glühender Holzkohle grillen und dabei immer wieder mit der Marinade übergießen. Die Spieße ab und zu wenden. Anschließend den fertigen Kebab mit viel frischem Blattsalat servieren.

BACKFISCH MIT TAHINESAUCE

In vielen arabischen Ländern ist dieses Gericht beliebt, besonders in Ägypten, Syrien und im Libanon. Dafür eignen sich weißfleischige Fische wie Seehecht, Brasse und Rotbarsch.

ZUTATEN

1 ganzer Fisch von etwa 1,1 kg, abgeschuppt und ausgenommen
2 TL Korianderkörner
4 Knoblauchzehen, gehackt
2 TL Harissapaste
6 EL Olivenöl
6 Tomaten, in Scheiben geschnitten
1 Zwiebel, in Scheiben geschnitten
1 frische Zitrone
frische Kräuter wie Lorbeerblätter, Thymian und Rosmarin
Salz und frisch gemahlener schwarzer Pfeffer
frische Kräuter zum Garnieren

FÜR DIE SAUCE

75 ml Tahinepaste
Saft von 1 Zitrone
1 Knoblauchzehe, durchgepresst
3 EL fein gehackte frische Petersilie oder Koriandergrün

FÜR 4 PERSONEN

1 Den Backofen auf 200 °C/Gas Stufe 6 vorheizen. Ein Backblech gut einfetten, dabei auch die Seiten nicht vergessen.

2 Mit einem scharfen Messer den Fisch auf beiden Seiten diagonal einschneiden. Die Korianderkörner und den Knoblauch in einem Mörser mit dem Stößel fein zerdrücken. Beides mit der Harissapaste und etwa 4 EL Olivenöl vermischen.

3 Den Fisch innen und außen mit der Gewürzpaste einreiben und dann beiseite stellen.

KÜCHENTIPP

Für dieses Gericht eignen sich kleine ganze Fische wie die Meerbarbe, aber auch Kabeljau- und Schellfischsteaks. Bei Steaks ist die Backzeit etwas kürzer.

4 Tomatenscheiben, Zwiebelstreifen und die Zitronenschnitze auf dem Backblech verteilen. Das restliche Öl darüber träufeln und alles gut mit Salz und Pfeffer würzen. Dann den Fisch darauf legen und viele frische Kräuter rundum platzieren.

5 Das Ganze unbedeckt etwa 25 Minuten backen, bis das Fischfleisch nicht mehr durchscheinend ist – man testet dies, indem man den Fisch an seiner dicksten Stelle einritzt und dort den Garzustand des Fischs prüft.

6 In der Zwischenzeit kann man die Sauce zubereiten. Dafür den Knoblauch, die Tahinepaste, den Zitronensaft und die Petersilie bzw. den Koriander in einem Topf mit 120 ml Wasser vermischen. Das Ganze salzen und pfeffern. Die Sauce vorsichtig erhitzen, bis sie glatt ist. Den Fisch mit Kräutern garniert auf einer Platte, die Sauce separat servieren.

GEFÜLLTE SARDINEN

Dieses Gericht ist schnell zubereitet und es ist eine vollständige Mahlzeit. Am besten reicht man dazu einen knackigen grünen Salat mit Zitronen-Vinaigrette-Dressing.

Zutaten

900 g frische Sardinen
2 EL Olivenöl
75 g Vollkornbrotkrumen
50 g Sultaninen
50 g Pinienkerne
50 g Sardellen aus der Dose, abgetropft
4 EL gehackte frische Petersilie
1 Zwiebel, fein gehackt
Salz und frisch gemahlener schwarzer Pfeffer

Für 4 Personen

1 Den Backofen auf 200 °C/Gas Stufe 6 vorheizen. Die ausgenommenen Sardinen innen sorgfältig mit Küchenkrepp auswischen. 1 EL Öl in einer Pfanne erhitzen und die Brotkrumen goldbraun braten.

2 Sultaninen, Pinienkerne, Sardellen, Petersilie, Zwiebel sowie Salz und Pfeffer zugeben und alles gut vermischen.

3 Mit einem Teelöffel die Sardinen nacheinander vorsichtig mit der Kräuter-Brotkrumen-Mischung füllen. Die gefüllten Sardinen an der Schnittstelle fest zudrücken und in eine ofenfeste Form legen.

4 Die gefüllten Sardinen mit der restlichen Füllmasse bestreuen und mit dem übrigen Olivenöl beträufeln. Die Fische in den vorgeheizten Backofen stellen, 30 Minuten backen und sofort servieren.

ORIENTALISCHE MEERBRASSE

Am besten kauft man Meerbrassen so klein wie möglich – ein Fisch reicht dann für zwei Personen.

ZUTATEN

1,75 kg Meerbrasse oder 2 kleine ganze Fische, kochfertig
2 EL Olivenöl
75 g Pinienkerne
1 große Zwiebel, fein gehackt
450 g reife Tomaten, grob gestückelt
75 g Rosinen
1 TL Zimtpulver
1 TL Garam Masala
3 EL frische Minze, gehackt
225 g Langkornreis
3 Zitronenschnitze
300 ml Fischbrühe
etwas Salz
frische Minzezweige zum Garnieren

FÜR 4 PERSONEN

KÜCHENTIPP
Die Pinienkerne kann man durch geschälte Mandeln ersetzen, die man vor dem Rösten halbiert.

1 Den Backofen rechtzeitig auf 180 °C/Gas Stufe 4 vorheizen.

2 Das Öl in einem großen Topf erhitzen und die Pinienkerne darin 1 Minute rösten. Die Zwiebel hinzufügen und glasig braten.

3 Die Tomaten dazu geben und das Ganze 10 Minuten köcheln lassen. Dann Rosinen, Minze und den Großteil des Garam Masala unterrühren. Reis und Zitronenscheiben zugeben. Alles auf ein tiefes Backblech umfüllen und die Brühe darüber gießen.

4 Den Fisch auf die Reismischung legen und die Haut mit einem scharfen Messer mehrfach einschneiden. Etwas Salz sowie die restliche Würzmischung und das Zimtpulver darüber streuen.

5 Einen großen Fisch etwa 30–35 Minuten, einen kleineren etwa 20–25 Minuten backen. Dann sofort mit einigen frischen Minzezweigen garniert servieren.

LIBANESISCHES KIBBEH

In Syrien und im Libanon steht *Kibbeh*, eine Art Fleischkloß aus Lammhack und Bulgur, im Rang einer Nationalspeise. Meist wird *Kibbeh* roh verzehrt, aber auch diese Variante ist in den genannten Ländern sehr populär.

Zutaten

Für den Fleischteig

115 g Bulgur
450 g mageres Lammhack
1 große Zwiebel, geraspelt
1 EL zerlassene Butter
Salz und frisch gemahlener schwarzer Pfeffer
frische Minze zum Garnieren
Reis als Beilage

Für die Füllung

2 EL Speiseöl
1 Zwiebel, fein gehackt
225 g Lamm- oder Kalbshack
50 g Pinienkerne
½ TL Pimentpulver
Salz und frisch gemahlener schwarzer Pfeffer

Für den JogurtDip

600 ml Jogurt
2–3 Knoblauchzehen, durchgepresst
1–2 EL frische Minze, gehackt

Für 6 Personen

1 Den Backofen auf 190 °C/Gas Stufe 5 vorheizen. Den Bulgur in einem Sieb abspülen und das Wasser ausdrücken.

2 Lammhack, geraspelte Zwiebel sowie Salz und Pfeffer vermischen und zu einer dicken Masse kneten. Den Bulgur dazugeben und alles vermischen.

3 Für die Füllung das Öl in einer Pfanne erhitzen und die Zwiebel darin goldbraun braten. Das Lamm- bzw. Kalbshack zugeben, unter Rühren braun braten und dann Pinienkerne und Gewürze hinzufügen.

4 Eine große Auflaufform mit Öl ausstreichen und den Boden mit der Hälfte der Fleisch-Bulgur-Mischung bedecken. Darauf die Füllung verteilen und dann den Rest der Fleisch-Bulgur-Mischung darüber schichten. Alles mit einem Löffel fest andrücken.

5 Die zerlassene Butter über das Gericht verteilen und das Ganze etwa 40–45 Minuten im Backofen backen, bis die Oberfläche schön gebräunt ist.

6 In der Zwischenzeit für den Dip Jogurt und Knoblauch vermischen, in eine Servierschüssel geben und großzügig mit der gehackten Minze bestreuen.

7 Das fertige Kibbeh mit einem scharfen Messer in Quadrate oder Rechtecke zerteilen und diese mit frischer Minze garnieren. Dann das Ganze mit einfach gekochtem Reis und dem Dip servieren.

GEFÜLLTE TOMATEN

Mit diesem Rezept wird einmal mehr die vielseitige Verwendbarkeit von Hackfleisch demonstriert, das hier als Füllung dient. Statt des Weizens kann man auch Langkornreis verwenden.

ZUTATEN

4 Fleischtomaten
½ EL Speiseöl
75 g Rinderhack
1 kleine rote Zwiebel, in dünne Scheiben geschnitten
25 g Bulgur
2 EL frisch geriebener Parmesan
1 EL gehackte, ungesalzene Cashewnüsse
1 kleine Selleriestange, gehackt
Salz und frisch gemahlener schwarzer Pfeffer
knackiger Blattsalat als Beilage

FÜR 4 PERSONEN

1 Die Tomaten oben abschneiden, das Fruchtfleisch mit einem Teelöffel herausholen und alles beiseite stellen. Die Tomaten 2 Minuten blanchieren und gut abtropfen lassen.

2 Das Öl in einem Topf erhitzen und darin Rinderhack und Zwiebel 10 Minuten braten. Dann das Tomatenfleisch unterrühren. Den Bulgur in einer Schüssel mit kochendem Wasser bedecken und 10 Minuten einweichen lassen. Dann den Bulgur abtropfen lassen.

3 Käse, Nüsse, Sellerie und den Bulgur zum Fleisch geben und alles abschmecken.

4 Die Tomaten mit der Masse füllen und bei mittlerer Hitze 10 Minuten im Backofen grillen. Mit einem knackigen Salat servieren.

KOFTAS IN TOMATENSAUCE

Im Orient kennt man viele Arten von Koftas. Diese Variante stammt aus der Türkei.

ZUTATEN

FÜR DIE KOFTAS

350 g Lamm- oder Rinderhack
25 g frische Brotkrumen
1 Zwiebel, gerieben
3 EL frische Petersilie, gehackt
1 EL frische Minze, gehackt
1 TL Kreuzkümmelpulver
1 TL Kurkumapulver
3 EL Speiseöl
Salz und frisch gemahlener schwarzer Pfeffer
einige frische Minzeblätter zum Garnieren
Bandnudeln als Beilage

FÜR DIE TOMATENSAUCE

1 EL Speiseöl
1 Zwiebel, gehackt
400 g Tomaten aus der Dose
1 EL Tomatenmark
Saft von 1/2 Zitrone
Salz und frisch gemahlener schwarzer Pfeffer

FÜR 4 PERSONEN

KÜCHENTIPP

Für dieses Gericht kann man Lamm- und Rinderhack auch mischen.

1 Zunächst die Tomatensauce zubereiten. Dazu das Öl in einem großen Topf erhitzen und die Zwiebel goldbraun braten. Tomaten, Tomatenmark, Zitronensaft sowie Salz und Pfeffer unterrühren und alles aufkochen. Die Hitze reduzieren und das Ganze 10 Minuten köcheln lassen.

2 Inzwischen das Hackfleisch in einer großen Schüssel mit den Brotkrumen, der Zwiebel, den Kräutern und den Gewürzen vermischen. Alles salzen und pfeffern.

3 Das Ganze mit den Händen gut durchkneten, dann walnussgroße Fleischbällchen formen und auf einen Teller legen.

4 Das Öl in einer Pfanne erhitzen, die Fleischbällchen – immer mehrere gleichzeitig – darin rundum braun braten und dann in die Tomatensauce geben. Den Topf bedecken und das Ganze bei sehr schwacher Hitze etwa 30 Minuten köcheln lassen. Abschließend das Gericht mit Minze- blättern garniert auf einem Bandnudelbett servieren.

ARABISCHER RINDFLEISCHEINTOPF

Ein köstliches Couscous-Gericht, angereichert mit den wertvollen Inhaltsstoffen verschiedener Gemüsesorten.

Zutaten

1 EL Speiseöl
450 g Rinderhack
1 Knoblauchzehe, durchgepresst
1 Zwiebel, geviertelt
2 EL Mehl
150 ml trockener Weißwein
150 ml Rinderbrühe
2 junge weiße Rüben, gestückelt
120 g gelbe Kohlrübe, gestückelt
2 Karotten, grob gestückelt
2 Zucchini, grob gestückelt
1 EL gehacktes frisches Koriandergrün
1 TL gemahlenes Koriandergrün
225 g Couscous
Salz und frisch gemahlener schwarzer Pfeffer
frisches Koriandergrün zum Garnieren

Für 4 Personen

1 Das Öl in einer Pfanne erhitzen und das Hackfleisch 5 Minuten anbraten. Knoblauch und Zwiebeln zugeben und weitere 3 Minuten braten.

2 Das Mehl einrühren und 1 Minute weiter braten. Wein und Brühe zugeben, alles salzen und pfeffern und unter Rühren aufkochen.

Küchentipp

Wer es eilig hat, kann abgepackten Fertigcouscous verwenden.

3 Das Gemüse sowie den frischen und den gemahlenen Koriander zufügen. Zugedeckt bei schwacher Hitze 15 Minuten köcheln lassen.

4 In der Zwischenzeit den Couscous in einer Schüssel mit kochend heißem Wasser bedecken und 10 Minuten stehen lassen. Dann den Couscous in einem hitzefesten Sieb abgießen. Den Deckel vom Topf mit dem Eintopf nehmen und das Sieb aufsetzen. Den Couscous so weitere 30 Minuten dämpfen. Zusammen mit dem Eintopf und mit Koriandergrün garniert servieren.

LAMMFLEISCHKEBABS

Gegrillte Fleischspieße sind von den Speisekarten vieler orientalischer und griechischer Restaurants nicht wegzudenken. In diesem Rezept wird mariniertes Lammfleisch mit verschiedenen Gemüsesorten gegrillt.

ZUTATEN

450 g Lammkeule, ohne Knochen, gewürfelt
5 EL Olivenöl
1 EL gehackter frischer Oregano oder Thymian oder 2 TL getrockneter Oregano
1 EL gehackte frische Petersilie
Saft von ½ Zitrone
½ kleine Aubergine, gewürfelt
4 kleine Zwiebeln, halbiert
2 Tomaten, geviertelt
4 frische Lorbeerblätter
Salz und frisch gemahlener schwarzer Pfeffer
Bulgursalat als Beilage

FÜR 4 PERSONEN

KÜCHENTIPP

Wer möchte, kann als Beilage einen zitronigen Bulgursalat servieren. Alternativ dazu ist aber auch gekochter Reis – entweder einfacher Basmati- oder Parfümreis – eine gute Wahl.

1 Das Lammfleisch in eine Schüssel geben. Olivenöl, Oregano bzw. Thymian, Petersilie und Zitronensaft vermischen, salzen und pfeffern. Das Ganze über das Fleisch geben, gut vermischen, zudecken und etwa 1 Stunde marinieren.

2 Den Backofen zum Grillen vorheizen. Das marinierte Fleisch abwechselnd mit den Auberginen-, Zwiebel- und Tomatenstücken sowie den Lorbeerblättern auf große Spieße stecken.

3 Die Lammfleischkebabs auf einen Grillrost legen und dann das Gemüse großzügig mit der Marinade bestreichen.

4 Die Kebabs bei mittlerer Hitze auf beiden Seiten etwa 8–10 Minuten grillen und ein- oder zweimal mit dem sich in der Grillpfanne sammelnden Saft übergießen. Anschließend die Kebabs heiß servieren. Dazu reicht man den Bulgursalat.

COUSCOUS MIT LAMM UND APRIKOSEN

Im Orient wird Fleisch gewöhnlich gegrillt oder geschmort. Der leichte Anflug von Bitterkeit im Geschmack von Trockenfrüchten macht sie zu einer ausgezeichneten Ergänzung dieses reichhaltigen Schmorgerichts.

Zutaten

1 große Aubergine
2 EL Sonnenblumenöl
1 Zwiebel, gehackt
1 Knoblauchzehe, durchgepresst
1 TL Zimtpulver
3 ganze Gewürznelken
450 g Lammkeulenfleisch, gewürfelt
400 g Tomaten aus der Dose, gestückelt
120 g getrocknete Aprikosen
120 g Kichererbsen aus der Dose, abgegossen
1 EL Honig
Salz und frisch gemahlener schwarzer Pfeffer

Für den Couscous

225 g gekochten Couscous
2 EL Olivenöl
2 EL gehackte Mandeln, in etwas Öl geröstet
gehackte frische Petersilie

Für 4 Personen

1 Die Aubergine würfeln, in einen Durchschlag geben und großzügig mit Salz bestreuen. Alles 30 Minuten beiseite stellen.

2 Das Sonnenblumenöl in einem Bräter erhitzen und die Zwiebel mit dem Knoblauch darin etwa 5 Minuten glasig braten.

3 Das Zimtpulver und die Gewürznelken unterrühren und alles 1 Minuten braten. Das Lammfleisch hinzufügen und alles 5–6 Minuten unter gelegentlichem Rühren braten, bis es rundum goldbraun ist.

4 Die Auberginenwürfel abspülen und trockentupfen und in einem Topf unter Rühren 3 Minuten braten. Die Tomaten, 300 ml Wasser und die Aprikosen hinzugeben. Alles salzen und pfeffern, aufkochen lassen und das Ganze bei geschlossenem Deckel und schwacher Hitze etwa 45 Minuten köcheln lassen.

5 Die Kichererbsen und den Honig unterrühren und alles weitere 15–20 Minuten köcheln lassen, bis das Fleisch zart ist. Mit dem Couscous servieren, in den man zuvor das Olivenöl, die Mandeln und die Petersilie hineingerührt hat.

COUSCOUS MIT LAMM

Zu Couscous kann man die verschiedensten Arten von Schmorfleisch servieren. Dieses Rezept stammt aus Marokko.

Zutaten

3 EL Speiseöl
1 große Zwiebel, gehackt
450 g Lammfleisch, grob gewürfelt
4 Tomaten, entkernt und gehackt
2 Knoblauchzehen, halbiert
1 TL Ingwerpulver
1 TL gemahlener Fenchelsamen
1 TL Kurkumapulver
½ TL Chilisauce (optional)
50 g Kichererbsen aus der Dose
225 g Couscous
2 Karotten, grob gestückelt
2 Zucchini, grob gestückelt
4 neue Kartoffeln, halbiert
Salz und frisch gemahlener schwarzer Pfeffer

Für 4 Personen

1 In einem großen Topf 2 EL des Öls erhitzen und die gehackte Zwiebel darin 4–5 Minuten glasig braten. Das Fleisch hinzufügen und bei mittlerer Hitze so lange braten, bis es rundum gebräunt ist.

2 Die Tomaten, den Knoblauch, den Ingwer, den Fenchel, das Kurkumapulver und evtl. die Chilisauce in den Mixer geben und alles zu einer glatten Paste verarbeiten.

3 Die Tomatenpaste über das Fleisch geben. Die abgetropften Kichererbsen und 250 ml Wasser hinzufügen und alles zum Kochen bringen. Salzen und pfeffern. Die Hitze reduzieren und mit geschlossenem Deckel etwa 45 Minuten schmoren lassen.

4 Den Couscous in eine Schüssel geben, das restliche Öl und etwa 750 ml Wasser unterrühren. Den Couscous zwischen den Fingern reiben, um die Körner voneinander zu lösen. Das Ganze für etwa 15 Minuten beiseite stellen und quellen lassen.

5 Die Karotten, Zucchini und Kartoffeln in den Schmortopf geben und alles nochmals 15–20 Minuten schmoren lassen.

6 Den Couscous in einen Dämpfer oder ein hitzefestes Sieb geben und mit einem Holzlöffel einige Vertiefungen hineindrücken. Auf den offenen Schmortopf setzen, gut zudecken und etwa 10 Minuten dämpfen, bis der Couscous weich ist.

7 Den Couscous auf eine große Servierplatte geben, in der Mitte eine Vertiefung eindrücken und das Schmorgericht hineinfüllen.

HÄHNCHEN MIT JOGURT

Dieses Gericht muss man frühzeitig planen. Die lange Marinierzeit ist notwendig, um ein wirklich ausgereiftes Aroma zu erzeugen.

ZUTATEN

FÜR DAS HÄHNCHEN

6 Hähnchenteile
Saft von 1 Zitrone
1 TL Salz

FÜR DIE MARINADE

1 TL Korianderkörner
2 TL Kreuzkümmelkörner
6 ganze Gewürznelken
2 Lorbeerblätter
1 Zwiebel, geviertelt
2 Knoblauchzehen
5 cm frische Ingwerwurzel, geschält und grob gehackt
½ TL Chilipulver
1 TL Kurkumapulver
150 ml Naturjogurt
Zitronenschnitze und frische Minzezweige zum Garnieren
Salatblätter als Beilage

FÜR 6 PERSONEN

1 Die Hähnchenteile häuten und an den fleischigsten Stellen einschneiden. Mit Zitronensaft beträufeln, salzen und alles einreiben.

2 Koriander- und Kreuzkümmelkörner, Gewürznelken und Lorbeerblätter in eine Pfanne geben und bei mittlerer Hitze rösten, bis die Lorbeerblätter knusprig sind.

3 Die Gewürze abkühlen lassen und dann grob in einem Mörser zerstoßen.

4 Zwiebel, Knoblauch und Ingwer in einem Mixer fein hacken. Die zerstoßenen Gewürze, das Chili- und das Kurkumapulver sowie den Jogurt zufügen, dann durch ein Sieb den Zitronensaft vom Hähnchen zugießen.

5 Die Hähnchenteile nebeneinander in einen Bräter legen und mit der Würzmarinade übergießen. Bedeckt 24–36 Stunden marinieren, die Hähnchenteile gelegentlich wenden.

6 Den Backofen auf 200 °C/Gasherd Stufe 6 vorheizen und das Hähnchen etwa 45 Minuten braten. Mit Zitronenschnitzen und Minze garniert und mit Salatblättern als Beilage heiß oder kalt servieren.

HÄHNCHEN-KEBAB

Dieses würzige Gericht ist eine ideale Sommermahlzeit. Die Kebabs eignen sich auch zum Grillen.

ZUTATEN

FÜR DAS HÄHNCHEN

400 g Hähnchenbrustfilet
frische Minzezweige und Orangen-, Zitronen- oder Limettenscheiben zum Garnieren
Salatblätter als Beilage

FÜR DIE MARINADE

fein geraspelte Schale und Saft von ½ unbehandelten Orange
fein geraspelte Schale und Saft von ½ unbehandelten kleinen Zitrone oder Limette
je 2 EL Olivenöl und Honig
2 EL gehackte frische Minze
¼ TL Kreuzkümmelpulver
Salz und frisch gemahlener schwarzer Pfeffer

FÜR 4 PERSONEN

1 Das Hähnchenbrustfilet in etwa 2,5 cm große Würfel schneiden.

2 Alle Zutaten für die Marinade in eine Schüssel geben und alles gut vermengen. Die vorbereiteten Hähnchenwürfel hinzufügen und für mindestens 2 Stunden zum Marinieren in den Kühlschrank stellen.

3 Die Hähnchenteile auf Spieße stecken und im Ofen bzw. auf dem Grill 15 Minuten grillen. Die Spieße häufig wenden und mit Marinade begießen. Mit Minze und Zitrusfruchtschnitzen garnieren und mit Salatblättern servieren.

ENTENBRUST MIT WALNUSS-GRANATAPFEL-SAUCE

Dies ist ein außergewöhnlich exotisches süß-saures Gericht, das ursprünglich aus dem Iran stammt.

ZUTATEN

4 EL Olivenöl
2 Zwiebeln, in feine Ringe geschnitten
½ TL Kurkumapulver
400 g Walnusskerne, grob gehackt
1 l Enten- oder Hühnerbrühe
6 Granatäpfel
2 EL Zucker
4 EL Zitronensaft
4 Entenbrüste von je etwa 225 g
Salz und frisch gemahlener schwarzer Pfeffer

FÜR 4 PERSONEN

1 In einer Pfanne 2 EL Öl erhitzen und darin die Zwiebeln mit dem Kurkuma glasig braten. Alles in einen Topf umfüllen, die Walnüsse und die Brühe hinzugeben, salzen und pfeffern. Gut umrühren, das Ganze zum Kochen bringen und bedeckt 20 Minuten köcheln lassen.

2 Die Granatäpfel halbieren und das Fleisch samt Kernen herauslöffeln. Die Masse von einer Frucht beiseite stellen, den Rest im Mixer pürieren, dann durch ein Sieb drücken und in den gewonnenen Saft Zucker und Zitronensaft rühren.

KÜCHENTIPP

Am besten wählt man Granatäpfel mit glänzender, heller Schale. Vorsicht bei der Verarbeitung – der Saft hinterlässt hartnäckige Flecken. Granatapfelsirup kann man auch als Grenadine kaufen.

3 Die Entenbrüste auf der Außenseite gitterartig einschneiden. Das restliche Öl in einer Pfanne erhitzen und die Entenbrüste mit der eingeschnittenen Seite nach unten hineinlegen.

4 Die Entenbrüste bei schwacher Hitze etwa 10 Minuten braten, bis die Haut braun und knusprig ist. Ab und zu das ausgebratene Fett weggießen. Das Fleisch wenden, weitere 3–4 Minuten braten und dann warm stellen.

5 Die Pfanne mit der Granatapfelsaft-Mischung ablöschen, dabei mit einem Holzlöffel gut rühren. Dann die Walnuss-Brühe-Mischung zufügen und alles 15 Minuten köcheln lassen, bis die Sauce leicht eingedickt ist. Die Entenbrüste in Scheiben schneiden, mit einem Teil der Sauce begießen und mit der Fruchtmasse des letzten Granatapfels garnieren. Die restliche Sauce separat servieren.

COUSCOUS MIT HÄHNCHEN

Das Weizenprodukt Couscous ist eine köstliche Beilage. In vielen Rezepten wird es außerdem auch als Füllung verwendet.

ZUTATEN FÜR DAS HÄHNCHEN

1 EL Butter
1 EL Sonnenblumenöl
4 Hähnchenteile, je etwa 100 g
2 Zwiebeln, fein gehackt
2 Knoblauchzehen, durchgepresst
1/2 TL Zimtpulver
1/4 TL Ingwerpulver
1/4 TL Kurkumapulver
2 EL Orangensaft
2 TL Honig
Salz und frisch gemahlener schwarzer Pfeffer
frische Minzezweige zum Garnieren

FÜR DEN COUSCOUS

350 g Couscous
1 TL Salz
2 TL Zucker
2 EL Sonnenblumenöl
1/2 TL Zimtpulver
1 Prise geriebene Muskatnuss
1 EL Orangenblütenwasser
2 EL Sultaninen
50 g geschälte Mandeln
3 EL Pistazienkerne, gehackt

FÜR 4 PERSONEN

1 Die Butter und das Öl in einem großen Topf erhitzen, die Hähnchenteile darin mit der Haut nach unten 3–4 Minuten goldbraun braten und dann wenden.

2 Zwiebeln, Knoblauch, Gewürze und eine Prise Salz zugeben. Den Orangensaft sowie 300 ml Wasser in den Topf gießen. Bei geschlossenem Deckel aufkochen lassen, dann die Hitze reduzieren und etwa 30 Minuten köcheln lassen.

3 Den Couscous und das Salz in eine Schüssel geben und mit 350 ml Wasser bedecken. Einmal umrühren und 5 Minuten beiseite stellen. Dann den Zucker, 1 EL Öl, das Zimtpulver, die Muskatnuss, das Orangenblütenwasser und die Sultaninen zu dem Couscous geben und alles gut vermengen.

4 Die Mandeln hacken, 1 EL Öl in einem Topf erhitzen und die Mandeln darin goldbraun rösten. Die Mandeln mit den Pistazienkernen in den Couscous rühren.

5 Einen Dämpfeinsatz mit Pergamentpapier auskleiden und den Couscous hineingeben. Den Dämpfer auf den Topf mit dem Hähnchen (oder auf einen Topf mit kochendem Wasser) setzen und 10 Minuten dämpfen.

6 Den Dämpfer vom Topf nehmen und beiseite stellen. Den Honig in die Hähnchensauce geben und dann alles bei großer Hitze 3–4 Minuten kochen. Den Couscous auf eine vorgewärmte Platte geben, die Hähnchenteile darauf legen. Etwas Sauce darüber geben. Mit frischer Minze garnieren und mit der restlichen Sauce servieren.

HUHN MIT ZITRONEN UND OLIVEN

Die Kombination von Zitronen und Oliven erzeugt einen milden Geschmack, mit dem man viele Arten von Fleisch- und Fischgerichten verfeinert.

ZUTATEN

½ TL Zimtpulver
½ TL Kurkumapulver
1 Huhn, etwa 1,5 kg
2 EL Olivenöl
1 große Zwiebel, in dünne Ringe geschnitten
5 cm frische Ingwerwurzel, geraspelt
600 ml Hühnerbrühe
1 Zitrone oder Limette, in Schnitze geschnitten
75 g braune Oliven, entsteint
1 EL Honig
4 EL gehacktes frisches Koriandergrün
Salz und frisch gemahlener schwarzer Pfeffer
frische Korianderzweige zum Garnieren

FÜR 4 PERSONEN

1 Den Backofen auf 190 °C/Gas Stufe 5 vorheizen. In einer Schüssel Zimt- und Kurkumapulver mit etwas Salz und Pfeffer vermischen und das Huhn überall gleichmäßig mit der Masse einreiben.

2 Das Öl in einem Bräter erhitzen und das Huhn darin von allen Seiten goldbraun anbraten. Das Huhn aus dem Bräter nehmen und in eine große ofenfeste Form legen.

3 Die Zwiebel in den Bräter geben und 3 Minuten anbraten. Den Ingwer und die Hühnerbrühe einrühren und alles kurz aufkochen lassen. Das Ganze über das Huhn gießen und bedeckt im Ofen 30 Minuten braten.

4 Das Huhn aus dem Ofen nehmen und die Zitronen bzw. Limetten, die Oliven und den Honig zugeben.

5 Das Ganze unbedeckt weitere 45 MInuten backen, bis das Huhn gar ist.

6 Das gehackte Koriandergrün zufügen und das Gericht abschmecken. Mit Korianderzweigen garniert sofort servieren.

HÄHNCHEN IN STRUDELTEIG

Dieses Rezept basiert auf dem aus Griechenland stammenden Gericht *Kotopitta*. Eine etwas fruchtigere Variante erhält man, wenn man den Feta durch einige gedörrte Aprikosen ersetzt.

Zutaten

Für den Teig

275 g TK-Filoteig (Strudelteig) in Scheiben
2 EL Olivenöl
75 g gehackte und geröstete Mandeln
2 EL Milch
frische Minzezweige zum Garnieren
Bauernsalat als Beilage

Für die Füllung

1 EL Olivenöl
1 Zwiebel, fein gehackt
1 Knoblauchzehe, durchgepresst
450 g gebratenes Huhn, ohne Knochen
50 g Feta, zerbröckelt
1 EL gehackte frische Petersilie
1 EL gehacktes frisches Koriandergrün
1 EL gehackte frische Minze
2 frische Eier, verquirlt
Salz und frisch gemahlener schwarzer Pfeffer

Für 4 Personen

1 Für die Füllung das Olivenöl in einer großen Pfanne erhitzen und die Zwiebel darin bei schwacher Hitze glasig braten. Den Knoblauch zufügen und weitere 2 Minuten braten. Das Ganze dann in eine Schüssel geben.

2 Die Haut von dem gebratenen Hühnerfleisch entfernen und das Fleisch mit einem scharfen Messer sehr fein zerschneiden. Das Fleisch zusammen mit dem Feta, den frischen Kräutern und den verquirlten Eiern zu der Zwiebel und dem Knoblauch in die Schüssel geben. Anschließend alles gut durchmischen und dann salzen und pfeffern.

3 Den Backofen auf 190 °C/Gas Stufe 5 vorheizen. Ein feuchtes sauberes Geschirrtuch bereit legen. Den TK-Filoteig muss man schnell verarbeiten, da er an der Luft rasch austrocknet. Den Teig aus der Verpackung nehmen, ausbreiten und die einzelnen Scheiben zu Quadraten von je etwa 30 x 30 cm Größe ausrollen.

4 Die Hälfte der Teigscheiben nehmen und den Rest mit dem feuchten Tuch bedecken. Den Teig scheibenweise mit Olivenöl bestreichen, in eine gefettete ofenfeste Form legen und jeweils mit einigen gerösteten Mandelstücken bestreuen. Die einzelnen Teigscheiben versetzt in die Form legen, sodass sie sich überlappen.

5 Die Füllung auf den Teig geben und die zweite Hälfte der Teigscheiben wie in Schritt 4 beschrieben darüber legen.

6 Die überlappenden Ecken nach innen klappen und mit einem Messer ein Rautenmuster in die Teigoberfläche ritzen.

7 Den Teig mit Milch bestreichen und mit den restlichen Mandeln bestreuen. Das Gericht 20–30 Minuten backen, bis die Oberfläche goldbraun ist. Mit Minze garniert und dem Salat als Beilage servieren.

TABBOULEH MIT FENCHEL UND GRANATÄPFELN

Dieser erfrischende Salat kombiniert knackigen Fenchel mit der Süße des Granatapfels und ist besonders als leichtes Sommergericht geeignet. Am besten bereitet man ihn schon am Vorabend zu; die verschiedenen Aromen können sich dann besser entfalten.

ZUTATEN

225 g Bulgur
2 Fenchelknollen
1 kleine frische rote Chilischote, entkernt und fein gehackt
1 Selleriestange, fein geschnitten
2 EL Olivenöl
Saft und geriebene Schale von 2 Zitronen
6–8 Frühlingszwiebeln, gehackt
6 EL gehackte frische Minze
6 EL gehackte frische Petersilie
Fruchtfleisch von 1 Granatapfel
Salz und frisch gemahlener schwarzer Pfeffer
Salatblätter zum Garnieren

FÜR 6 PERSONEN

KÜCHENTIPP
Diesen Salat kann man mit Zutaten ergänzen oder auch einzelne ersetzen. Statt Fenchel und Granatapfel kann man z. B. gestückelte Tomaten, Paprika und Oliven verwenden.

1 Den Bulgur in eine Schüssel geben, mit kaltem Wasser bedecken und 30 Minuten beiseite stellen.

2 Den Bulgur in ein Sieb geben und gut abtropfen lassen. Mit einem Löffel das Restwasser ausdrücken.

3 Die Fenchelknollen halbieren und in sehr feine Scheiben schneiden.

4 Alle Zutaten in eine Schale geben und gut vermengen. Abschmecken und dann für mindestens 30 Minuten beiseite stellen. Mit Salatblättern garniert servieren.

SÜSSER GEMÜSECOUSCOUS

Frisches Gemüse, süß zubereitet – zusammen mit dem Couscous ergibt dies ein köstliches und nahrhaftes Wintergericht.

ZUTATEN

1 kräftige Prise Safranfäden
1 EL Olivenöl
1 rote Zwiebel, in Ringe geschnitten
2 Knoblauchzehen
1–2 frische rote Chilischoten, entkernt und fein gehackt
½ TL Ingwerpulver
½ TL Zimtpulver
400 g Tomaten aus der Dose, gestückelt
300 ml Gemüsebrühe oder Wasser
4 Karotten, geschält und in 5 mm dicke Scheiben geschnitten
2 Rüben, geschält und in 2 cm große Würfel geschnitten
450 g Süßkartoffeln, geschält und in 2 cm große Würfel geschnitten
75 g Rosinen
2 Zucchini, in 5 mm dicke Scheiben geschnitten
400 g Kichererbsen aus der Dose, abgetropft und abgespült
3 EL gehackte frische Petersilie
3 EL gehacktes frisches Koriandergrün
450 g Fertigcouscous

FÜR 4–6 PERSONEN

1 Zuerst die Safranfäden in etwa 3 EL sehr heißem Wasser auflösen.

2 Das Öl in einem großen Topf erhitzen. Die Zwiebel, den Knoblauch und die Chilischoten darin bei schwacher Hitze 5 Minuten braten.

3 Das Ingwer- und Zimtpulver zugeben und weitere 1–2 Minuten braten.

4 Die Tomaten, die Brühe bzw. das Wasser, die Safranfäden samt Flüssigkeit, die Karotten-, Rüben- und Süsskartoffelstücke sowie die Rosinen zugeben und zugedeckt 25 Minuten köcheln lassen.

5 Zucchini, Kichererbsen, Petersilie und Koriander zugeben und weitere 10 Minuten köcheln lassen.

6 Inzwischen den Couscous gemäß der Packungsanleitung zubereiten und mit dem fertigen Gemüsegericht servieren.

REIS UND LINSEN MIT TAHDEEG

Die ebenso exotische wie köstliche persische bzw. iranische Küche hat ihre Wurzeln tief in der Geschichte. Sie ist intensiver und auf eine bestimmte Weise auch entwickelter als andere Richtungen der orientalischen Küche. *Tahdeeg* nennt man die goldfarbene Reiskruste, die sich am Topfboden bildet.

ZUTATEN

450 g Basmatireis, sorgfältig gewaschen und eingeweicht
2 Zwiebeln, 1 gehackt und 1 dünn geschnitten
2 Knoblauchzehen, durchgepresst
150 ml Sonnenblumenöl
50 g grüne Linsen, eingeweicht
600 ml Gemüsebrühe
50 g Rosinen
3 EL Tomatenmark
2 TL Korianderpulver
wenige Safranfäden
1 frisches Eigelb, verquirlt
2 TL Naturjogurt
6 EL Butter, zerlassen und durchgesiebt
Öl zum Braten
Salz und frisch gemahlener schwarzer Pfeffer
Blattpetersilie zum Garnieren

FÜR 8 PERSONEN

1 Den gewaschenen und eingeweichten Reis in viel Salzwasser lediglich 3 Minuten lang kochen. Das Wasser dann abgießen.

2 Inzwischen die gehackte Zwiebel mit dem Knoblauch in 2 EL Öl 5 Minuten braten. Dann die Linsen, die Brühe, die Rosinen, das Tomatenmark, den Koriander sowie Salz und Pfeffer zugeben. Alles aufkochen lassen und zugedeckt 20 Minuten köcheln lassen. Beiseite stellen.

3 Die Safranfäden in 3 EL sehr heißem Wasser auflösen. 8 EL von dem Reis mit dem Eigelb und dem Jogurt vermengen. Kräftig salzen und pfeffern.

4 Etwa zwei Drittel des restlichen Öls in einem Topf erhitzen und die Ei-Jogurt-Reis- Mischung gleichmäßig auf den Topfboden verteilen.

5 Den restlichen Reis abwechselnd mit den Linsen in den Topf geben. Die Masse im Topf pyramidenartig zuspitzen, als letzte Schicht Reis auftragen.

6 Mit dem Griff eines langen Holzlöffels drei Vertiefungen bis zum Topfboden bohren und die Butter hineinträufeln. Alles kräftig erhitzen und den in ein sauberes nasses Geschirrtuch eingeschlagenen Topfdeckel aufsetzen. Sobald eine kräftige Dampfsäule aufsteigt, die Hitze reduzieren und das Gericht etwa 30 Minuten garen lassen.

7 Inzwischen die geschnittene Zwiebel in dem restlichen Öl goldbraun und knusprig braten. Abtropfen lassen und beiseite stellen.

8 Den Reistopf vom Herd nehmen und bedeckt 1–2 Minuten in ein kaltes Wasserbad stellen, um den Bodensatz zu lösen. Den Deckel abnehmen und einige Löffel von der oberen Reisschicht mit der Safranlösung vermengen.

9 Reis und Linsen im Topf vermengen und mit einem Löffel auf einer Servierplatte aufhäufen. Den Safranreis obenauf streuen, darauf die gebratene Zwiebel. Die Reiskruste am Topfboden (das viel gepriesene Tahdeeg) aufbrechen und rund um die Reis-Linsen-Mischung arrangieren. Das Ganze mit Blattpetersilie garniert servieren.

KICHERERBSEN-FALAFEL MIT KORIANDERDIP

Diese kleinen, knusprig frittierten, würzigen Bällchen aus Kichererbsenpüree serviert man mit einer Koriandermayonnaise. Falafel sind ein vor allem in Israel populärer Imbiss. Sie werden heiß und knusprig in aufgewärmtem Pittabrot verzehrt.

ZUTATEN

400 g Kichererbsen aus der Dose, abgetropft
6 Frühlingszwiebeln, in Scheiben geschnitten
1 frisches Ei
½ TL Kurkumapulver
1 Knoblauchzehe, durchgepresst
1 TL Kreuzkümmelpulver
4 EL gehacktes frisches Koriandergrün
Speiseöl zum Frittieren
1 kleine rote Chilischote, entkernt und fein gehackt
3 EL Mayonnaise
Salz und frisch gemahlener schwarzer Pfeffer
frische Korianderzweige zum Garnieren

FÜR 4 PERSONEN

1 Die Kichererbsen mit den Frühlingszwiebeln im Mixer zu einer weichen Paste verarbeiten. Das Ei, das Kurkuma- und Kreuzkümmelpulver, den Knoblauch und 1 EL von dem gehackten Koriandergrün zugeben und den Mixer kurz weiterlaufen lassen. Alles salzen und pfeffern.

2 Anschließend aus der Kichererbsenmasse mit sauberen, feuchten Händen etwa 16 Bällchen formen.

3 Das Öl in einem großen Topf oder der Fritteuse so lange erhitzen (auf 180 °C), bis ein Brotwürfel darin innerhalb von 30–45 Sekunden bräunt. Mehrere Falafel gleichzeitig je 2–3 Minuten frittieren, bis sie goldbraun sind. Die Bällchen aus dem Öl nehmen, auf Küchenkrepp gut abtropfen lassen und in eine Servierschüssel geben.

4 Das restliche Koriandergrün und die Chili mit der Mayonnaise verrühren und – mit einem Korianderzweig garniert – in eine kleine Schale geben.Die Falafel heiß oder kalt mit dem Koriandderdip servieren.

PITTABROTE MIT SALAT

In Griechenland nennt man diesen Salat *Horiatiki*. Er wird mit Feta, einem Schafsmilchkäse, zubereitet. Am besten schmeckt er in heißen Pittabroten mit einem Jogurt-Minze-Dressing.

ZUTATEN

115 g Feta, gewürfelt
¼ Salatgurke, geschält und in Scheiben geschnitten
8 Kirschtomaten, geviertelt
½ kleine grüne Paprika, entkernt und in schmale Streifen geschnitten
¼ kleine Zwiebel, dünn geschnitten
8 schwarze Oliven, entsteint und halbiert
2 EL Olivenöl
1 TL getrockneter Oregano
4 große Pittabrote
4 EL griechischer Jogurt
1 TL getrocknete Minze
Salz und frisch gemahlener schwarzer Pfeffer
frische Minze zum Garnieren

ERGIBT 4 PORTIONEN

1 Den Feta, die Salatgurke, die Kirschtomaten, die grüne Paprika, die Zwiebel und die schwarzen Oliven in eine Schüssel geben. Olivenöl und Oregano unterrühren, alles salzen und pfeffern und beiseite stellen.

2 Die Pittabrote etwa 2 Minuten im Backofen grillen. Inzwischen für das Dressing den Jogurt mit der Minze vermengen, mit Salz und Pfeffer abschmecken und zur Seite stellen.

3 Die heißen Pittabrote mit einem sauberen Tuch halten, an einer der langen Seiten aufschneiden und anschließend taschenförmig aufklappen.

4 Den Salat auf die Pittabrote verteilen und jeweils etwas Dressing darüber geben. Dann die Brote sofort mit der frischen Minze garniert servieren.

IMAM BAYILDI

Der Legende nach war ein Imam von dieser Speise so überwältigt, dass er vor Begeisterung in Ohnmacht fiel. Daher der Name, denn *Imam Bayildi* bedeutet „Der Imam fiel in Ohnmacht".

Zutaten

2 Auberginen, längs halbiert und entkernt
4 EL Olivenöl
2 große Zwiebeln, in dünne Ringe geschnitten
2 Knoblauchzehen, durchgepresst
1 grüne Paprika, entkernt und in Streifen geschnitten
400 g Tomaten aus der Dose, gestückelt
40 g Zucker
1 TL Korianderpulver
Salz und frisch gemahlener schwarzer Pfeffer
2 EL frisches Koriandergrün oder Petersile, gehackt, dazu einige Zweige zum Garnieren
knuspriges Brot als Beilage

Für 4 Personen

Küchentipp

Unbedingt die Auberginenhälften vor der Verarbeitung einschneiden und mit Salz bestreuen. Das Salz nach etwa 30 Minuten mit Wasser abspülen und die Auberginen mit Küchenkrepp trockentupfen. So sind sie weniger bitter und einfacher zuzubereiten.

1 Mit einem scharfen Messer das Fleisch der Auberginen mehrfach einschneiden. Mit Salz bestreuen und nach 30 Minuten in einem Durchschlag kalt abspülen und trockentupfen.

2 Das Gemüse bei schwacher Hitze mit den Schnittflächen nach unten 5 Minuten in Öl braten und abgetropft in eine ofenfeste Form legen.

3 Die Zwiebeln mit dem Knoblauch und dem grünen Paprika in derselben Pfanne etwa 10 Minuten braten, bis auch der Paprika weich geworden ist. Evtl. noch Öl zugeben.

4 Den Backofen auf 190 °C/Gas Stufe 5 vorheizen. Tomaten, Zucker, Korianderpulver, Salz und Pfeffer in die Pfanne geben und alles etwa 5 Minuten köcheln lassen, bis die Masse eingedickt ist. Dann die gehackten Kräuter unterrühren.

5 Die Tomatensauce auf die Auberginen geben, die Form bedecken und alles 30–35 Minuten backen. Abkühlen lassen und erst danach in den Kühlschrank stellen. Mit den Kräuterzweigen garniert und mit viel knusprigem Brot kalt servieren.

FATTOUSH

Dieser einfache Bauernsalat ist heute in Syrien und im Libanon sehr beliebt. Die Menge der frischen Kräuter kann man je nach Geschmack variieren.

ZUTATEN

1 gelbe oder rote Paprika
1 große Salatgurke
4–5 Tomaten
1 Bund Frühlingszwiebeln
2 EL fein gehackte frische Petersilie
2 EL fein gehackte frische Minze
2 EL fein gehacktes frisches Koriandergrün
2 Knoblauchzehen, durchgepresst
5 EL Olivenöl
Saft von 2 Zitronen
Salz und frisch gemahlener schwarzer Pfeffer
2 Pittabrote

FÜR 4 PERSONEN

KÜCHENTIPP

Wer den Salat ganz der Tradition entsprechend zubereiten möchte, toastet das Pittabrot, bis es knusprig ist, zerbröckelt es dann mit den Händen und streut die Krumen vor dem Servieren über den Salat.

1 Die Paprikaschote entkernen und in Streifen schneiden. Dann die Tomaten und die Salatgurke grob stückeln. Alles in eine große Salatschüssel geben.

2 Die Frühlingszwiebeln in Ringe schneiden und zusammen mit Petersilie, Minze und Koriander in die Salatschüssel geben. Alles gut durchmischen.

3 Für das Dressing den Knoblauch mit dem Olivenöl und dem Zitronensaft vermengen und mit Salz und Pfeffer abschmecken. Das Dressing über den Salat gießen und diesen wenden.

4 Die beiden Pittabrote im Toaster oder im Backofengrill knusprig toasten und anschließend zu dem Salat servieren.

OKRA MIT KORIANDER UND TOMATEN

Okra ist ein köstliches Gemüse. Wenn es gekocht wird, sondern die Schoten einen klebrigen Saft ab, der das Gericht bindet.

ZUTATEN

450 g frische Tomaten
450 g frische Okras
3 EL Olivenöl
2 Zwiebeln, in dünne Ringe geschnitten
2 TL Korianderkörner, zerstoßen
3 Knoblauchzehen, durchgepresst
½ TL Zucker
Saft und geraspelte Schale von 1 unbehandelten Zitrone
Salz und frisch gemahlener schwarzer Pfeffer

FÜR 4 PERSONEN

1 Die Haut der frischen Tomaten mehrfach einritzen und das Gemüse mit kochendem Wasser überbrühen. Dann in kaltem Wasser abschrecken,enthäuten und grob stückeln.

2 Die Okras putzen, oben und unten abschneiden und ansonsten ganz lassen. Das Olivenöl in einem Topf erhitzen und darin Zwiebeln und Koriander 3–4 Minuten braten, bis sie sich zu färben beginnen.

3 Die Okras und den Knoblauch zugeben und alles 1 Minute braten. Die Tomaten und den Zucker zugeben und das Ganze etwa 20 Minuten köcheln lassen, bis die Okras gar sind. Zwischendurch ein- oder zweimal umrühren. Die Zitronenschale und den Saft einrühren und alles mit Salz und Pfeffer, evtl. auch noch mit etwas Zucker, abschmecken. Warm oder kalt servieren.

KÜCHENTIPP

Nur weiche, glänzende Okras kaufen. Sie dürfen nicht trocken oder schrumpelig sein.

HALVA MIT NÜSSEN

Grießmehl wird im Orient oft als Zutat für Desserts und Gebäck verwendet. Bei Halva gewährleistet ein lockerer Grießmehlboden, dass ein köstlich duftender, aromatischer Sirup aufgesogen wird.

ZUTATEN

FÜR DEN TEIG

110 g weiche Butter
110 g Zucker
geraspelte Schale von 1 unbehandelten Orange sowie 2 EL Orangensaft
3 frische Eier
175 g Grießmehl
2 TL Backpulver
110 g Haselnüsse, gemahlen

FÜR DEN SIRUP

350 g Zucker
2 Zimtstangen, halbiert
Saft von 1 Zitrone
4 EL Orangenblütenwasser
50 g Haselnüsse, geröstet und gehackt
50 g geschälte Mandeln, geröstet und gehackt
Zesten von 1 unbehandelten Orange

FÜR 10 PERSONEN

1 Den Backofen auf 220 °C/Gas Stufe 7 vorheizen. Den Boden einer etwa 23 x 23 cm großen schweren Backform (z. B. aus Keramik) anfeuchten und mit Backpapier belegen.

2 Butter und Zucker in einer Schüssel schaumig schlagen. Orangenschale und -saft, Eier, Grießmehl, Backpulver und Haselnüsse zugeben und alles zu einem weichen Teig verarbeiten.

3 Den Teig in die Backform geben, glatt streichen und 20–25 Minuten backen, bis er fest und goldbraun ist. In der Form abkühlen lassen.

4 Für den Sirup den Zucker zusammen mit 575 ml Wasser und den halbierten Zimtstangen in einen kleinen Topf geben. Alles unter Rühren vorsichtig erhitzen, bis der Zucker vollständig aufgelöst ist.

5 Alles unter Rühren 5 Minuten lang kräftig kochen. Eine Hälfte des Sirups beiseite stellen; zur anderen Zitronensaft und Orangenblütenwasser gießen und dies auf den Kuchen geben.

6 Den Kuchen in der Form lassen, bis der Sirup aufgesogen ist. Dann auf eine Kuchenplatte geben und zu Portionen schneiden. Mit den Nüssen und Mandeln bestreuen.

7 Den restlichen Sirup so lange kochen, bis er leicht eingedickt ist, und ihn dann über die Halva gießen. Mit den Orangenzesten bestreuen.

KÜCHENTIPP

Geschlagene Sahne ist eine gute Ergänzung zu Halva mit Nüssen.

OMM ALI

Diese ägyptische Version eines Brot-und-Butter-Auflaufs wird mit Pistazienkernen und Filoteig zubereitet – ein wirklich köstliches Dessert!

ZUTATEN

10–12 Scheiben TK-Filoteig (Strudelteig)
600 ml Milch
250 ml Crème double
1 frisches Ei, verquirlt
2 EL Rosenwasser
je 50 g Pistazienkerne, Mandeln und Haselnüsse, alle gehackt
120 g Rosinen
1 EL Zimtpulver
etwas geschlagene Sahne

FÜR 4 PERSONEN

1 Den Backofen auf 160 °C/Gas Stufe 3 vorheizen. Den Filoteig auf Backpapier 15–20 Minuten knusprig backen. Das Gebäck aus dem Ofen nehmen und den Ofen auf 200 °C/Gas Stufe 6 stellen.

2 Milch und Crème double in einen Topf geben und vorsichtig erhitzen, jedoch nicht zum Kochen bringen. Langsam das verquirlte Ei und das Rosenwasser hinzufügen. Bei sehr schwacher Hitze unter ständigem Rühren erhitzen, bis die Masse einzudicken beginnt.

3 Den Filoteig mit den Händen zerbröckeln und die Blätterbrösel schichtweise, abwechselnd mit den Pistazien, den Mandeln, den Haselnüssen und den Rosinen, in eine Backform geben.

4 Die Milchcreme in die Form gießen und das Ganze im Backofen etwa 20 Minuten goldbraun backen. Das fertige Dessert mit Zimtpulver garnieren und mit Schlagsahne servieren.

OBSTSALAT MIT FRISCHEN FEIGEN, ÄPFELN UND DATTELN

Die Kombination aus frischen Feigen und Datteln mit knackigen süßen Äpfeln ist besonders köstlich. Ein Hauch von Mandel verbindet die Aromen.

ZUTATEN

6 große Äpfel, z. B. Granny Smith
Saft von 1/2 Zitrone
175 g frische Datteln
25 g Marzipanrohmasse
1 TL Orangenblütenwasser
4 EL Naturjogurt
4 grüne oder blauviolette Feigen
4 geröstete Mandeln zum Dekorieren

FÜR 4 PERSONEN

1 Die Äpfel entkernen. Zunächst in dünne Scheiben, dann in feine, streichholzgroße Streifen schneiden. Mit Zitronensaft beträufeln, um eine Bräunung zu verhindern.

2 Die Datteln entsteinen, in feine Streifen schneiden und zu den Apfelstreifen geben.

3 Die Marzipanrohmasse mit dem Orangenblütenwasser cremig rühren und in einer Schale mit dem Jogurt sorgfältig vermengen.

4 Die Äpfel und Datteln in der Mitte von 4 Tellern anhäufen. Bei den Feigen die Stiele entfernen und jede Frucht in Viertel auf-, aber nicht durchschneiden. Die Früchte unten mit den Daumen und Zeigefingern zusammendrücken, sodass sie sich oben öffnen.

5 Auf jeden Teller mit Fruchtsalat eine Feige setzen, die Jogurtfüllung löffelweise hineingeben und je mit einer Mandel garnieren.

GEBÄCK MIT DATTELFÜLLUNG

Auch wenn seine Zubereitung recht aufwändig ist – dieses auch *Ma-amoul* genannte Gebäck ist überall zwischen Gibraltar und Bagdad äußerst beliebt.

ZUTATEN

FÜR DEN TEIG

6 EL weiche Margarine oder Butter
175 g Mehl
1 TL Rosenwasser
1 TL Orangenblütenwasser
4 TL Puderzucker zum Bestäuben

FÜR DIE FÜLLUNG

120 g getrocknete Datteln, entsteint
½ TL Orangenblütenwasser

ERGIBT ETWA 25 BÄLLCHEN

KÜCHENTIPP

Das Geheimnis des Ma-amoul-Backens ist es, möglichst viel Füllung in das einzelne Bällchen zu bekommen und gleichzeitig für einen sicheren Verschluss zu sorgen. Ursprünglich benutzte man bei Schritt 5 statt der Gabel eine Pinzette.

1 Für die Füllung die Datteln fein hacken. 50 ml kochendes Wasser und das Orangenblütenwasser zufügen, die Masse kräftig schlagen und abkühlen lassen.

2 Für den Teig die Butter bzw. Margarine klein gestückelt in das Mehl geben. Das Rosen- und Orangenblütenwasser sowie 3 EL Wasser zugeben und zu einem festen Teig verarbeiten.

3 Mit den Händen aus dem Ma-amoul-Teig etwa 25 kleine Bällchen formen.

4 Den Backofen auf 180 °C/Gas Stufe 4 vorheizen. In jedes Bällchen mit dem Finger eine Ausbuchtung drücken und die Seiten dann immer wieder leicht zusammen drücken, sodass die Teigwände immer dünner werden. In jedes Bällchen ¼ TL von der Dattelfüllung geben und die Teigöffnung durch Zusammendrücken verschließen.

5 Die Bällchen mit der Naht nach unten auf ein leicht gefettetes Backpapier legen und jedes mit einer Gabel einstechen. Das Gebäck 15–20 Minuten backen und abkühlen lassen.

6 Das Gebäck auf einem Teller mit Puderzucker bestreuen, dabei den Teller leicht schwenken.

KÜCHENTIPP

Ma-amoul sind gut zum Einfrieren geeignet. Also gleich einen Vorrat anlegen!

DESSERTS

BAKLAVA

Süße, sirupgetränkte Gebäckteilchen sind in Griechenland und im ganzen Orient beliebt. Diese Variante ist mit Zitronensaft und Rosenwasser verfeinert.

Zutaten

200 g Pistazienkerne
1 TL Zucker
2 TL Rosenwasser
275 g TK-Filoteig (Strudelteig)
50 ml Speiseöl

Für den Sirup

300 g Zucker
Saft von 1 Zitrone

Ergibt etwa 30 Teilchen

1 Die Pistazienkerne in einem Mixer zerkleinern, aber nicht zu fein und mehlig hacken. Den Zucker und das Rosenwasser unterrühren.

2 Den Backofen auf 180° C/Gas Stufe 4 vorheizen. Die Filoteigscheiben auf eine Größe von etwa 25 x 25 cm ausrollen. Eine entsprechend große Backform mit etwas Öl ausstreichen. Eine Teigscheibe hineinlegen, mit Öl bestreichen und so fortfahren, bis etwa die Hälfte des Teigs in der Form ist.

3 Die Pistazienkernmasse auf dem Teig verteilen und die restlichen Teigscheiben wie beschrieben darüber legen.

4 Den Teig mit einem scharfen Messer längs in 4 cm Abstand mehrfach durchschneiden, anschließend auf die gleiche Weise diagonale Schnitte setzen. Auf mittlerer Schiene 15–20 Minuten backen.

5 Für den Sirup 175 ml Wasser mit dem Zucker in einem kleinen Topf langsam erhitzen, dabei ein- oder zweimal umrühren. Sobald der Sirup kocht, 2 EL Zitronensaft zugeben und alles 6 Minuten kochen lassen. Dann den restlichen Zitronensaft einrühren und den Sirup abkühlen und dabei leicht eindicken lassen.

6 Die Backtemperatur auf 150 °C/Gas Stufe 2 reduzieren und die Baklava weitere 20 Minuten backen. Dann 10 Minuten abkühlen lassen.

7 Den Sirup über die Baklava geben und sie einige Stunden, besser über Nacht, stehen lassen, bis der Sirup aufgesogen ist. Servieren.

ARABISCHER PUDDING

In den arabischen Ländern ist diese Nachspeise mit ihrer weichen, seidigen Konsistenz und ihrem raffinierten Geschmack sehr beliebt.

ZUTATEN

50 g Reismehl
3 EL Maismehl
1,2 l Milch
6 EL Zucker
2 EL Rosenwasser
50 g Mandeln, gemahlen
25 g Pistazienkerne, gemahlen
Zimtpulver zum Dekorieren

FÜR 4 PERSONEN

1 Das Reis- und das Maismehl mit ein wenig kalter Milch in einer kleinen Rührschüssel zu einer Paste vermengen.

2 Die restliche Milch aufkochen, den Zucker zugeben und alles bei schwacher Hitze köcheln lassen. Die Mehlpaste nach und nach unter ständigem Rühren mit einem Holzlöffel hinzugeben.

3 Die Masse bei sehr schwacher Hitze etwa 10–15 Minuten köcheln lassen, bis sie eingedickt ist. Dabei häufig umrühren und sorgfältig darauf achten, dass nichts anbrennt. Denn das würde den köstlichen Geschmack der Nachspeise deutlich beeinträchtigen.

4 Das Rosenwasser und die Hälfte der Mandeln unterrühren. Das Ganze 5 Minuten köcheln lassen.

5 Alles kurz abkühlen lassen und dann in eine Schüssel geben. Mit den restlichen Mandeln und Pistazien bestreuen und mit Zimt bestäuben.

KÜCHENTIPP

Dieser Pudding schmeckt auch köstlich, wenn man ihn mit Honig oder Sirup serviert.

REGISTER